HISTÓRIAS NÓRDICAS

HISTÓRIAS NÓRDICAS

recontadas por

Ana Maria Machado

Ilustrações de
Laurent Cardon

1ª edição
FTD
São Paulo – 2023

FTD

© Ana Maria Machado, 2023
Reprodução proibida: Art. 184 do Código Penal
e Lei 9.610 de 19 de fevereiro de 1998.
Todos os direitos reservados à
EDITORA FTD
Rua Rui Barbosa, 156 — Bela Vista — São Paulo — SP
CEP 01326-010 — Tel. 0800 772 2300
www.ftd.com.br
central.relacionamento@ftd.com.br

DIRETOR-GERAL Ricardo Tavares de Oliveira
DIRETOR DE CONTEÚDO E NEGÓCIOS Cayube Galas
GERENTE EDITORIAL Isabel Lopes Coelho
EDITOR Estevão Azevedo
EDITOR-ASSISTENTE Bruno Salerno Rodrigues
ANALISTA DE RELAÇÕES INTERNACIONAIS Tassia Regiane Silvestre de Oliveira
COORDENADOR DE PRODUÇÃO EDITORIAL Leandro Hiroshi Kanno
PREPARADORA Lívia Perran
REVISORAS Aurea Santos e Marina Nogueira
EDITORES DE ARTE Daniel Justi e Camila Catto
PROJETO GRÁFICO E DIAGRAMAÇÃO três design
DIRETOR DE OPERAÇÕES E PRODUÇÃO GRÁFICA Reginaldo Soares Damasceno

Ana Maria Machado é autora de mais de cem livros, e sua obra já foi traduzida em vinte e oito países. Ganhadora de muitos prêmios, em 2000 recebeu o Hans Christian Andersen; em 2001, o Machado de Assis, maior prêmio literário nacional; e, em 2010, o prêmio Príncipe Claus, da Holanda, concedido a artistas e intelectuais de reconhecida contribuição nos campos da cultura e do desenvolvimento. Desde 2003, integra a Academia Brasileira de Letras.

Dados Internacionais de Catalogação na Publicação (CIP)
(Câmara Brasileira do Livro, SP, Brasil)

Machado, Ana Maria
 Histórias nórdicas / recontadas por Ana Maria Machado;
ilustrações de Laurent Cardon. –
1. ed. – São Paulo: FTD, 2023.

ISBN 978-85-96-03999-4

1. Literatura infantojuvenil I. Cardon, Laurent.
II. Título.

23-142861   CDD-028.5

Índices para catálogo sistemático:

1. Literatura infantil 028.5
2. Literatura infantojuvenil 028.5

Cibele Maria Dias - Bibliotecária - CRB-8/9427

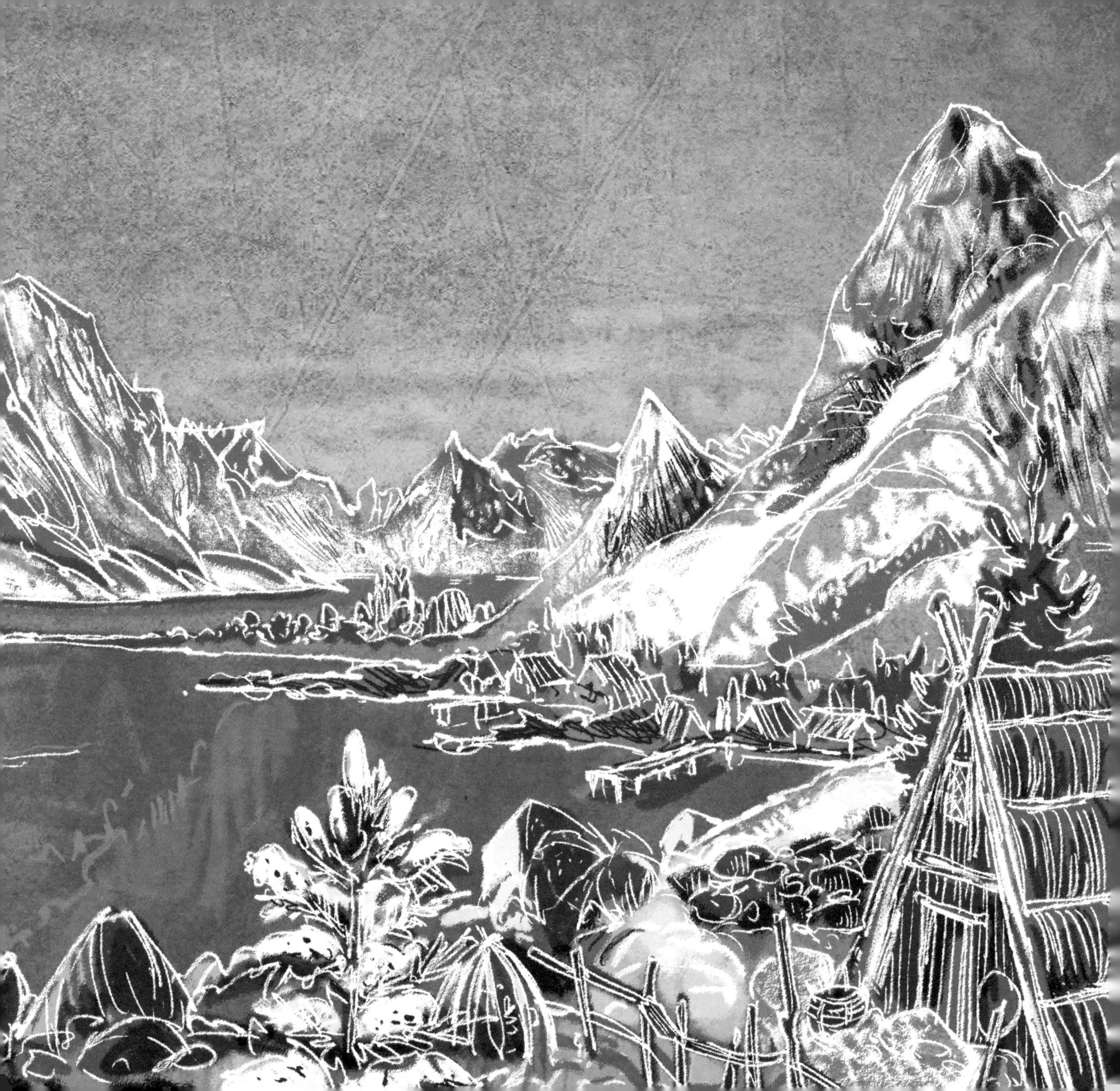

TERRAS FRIAS,
AVENTURAS QUENTES....08

O príncipe Sigurd e o
dragão Fafnir....12

Uma verdadeira
princesa....23

O ganso do capitão....32

Como o mar ficou salgado....45

TERRAS FRIAS, AVENTURAS QUENTES

Os povos do norte da Europa são chamados de nórdicos e se distribuem por cinco países: Dinamarca, Finlândia, Islândia, Noruega e Suécia, mais as regiões autônomas das ilhas Faroe, Aland e da Groenlândia. Às vezes também são conhecidos como escandinavos, ou moradores da Escandinávia — a rigor, uma região que engloba a Dinamarca, a Noruega e a Suécia. Além disso, por vezes a Estônia também se considera um país nórdico. Ou seja, estamos falando de uma região com limites imprecisos. Mas de cultura muito forte, numa terra muito fria, de invernos longos, gelados e escuros, na vizinhança do Polo Norte.

Da mesma forma, as histórias nórdicas também não têm fronteiras rígidas. Mesmo porque elas se espalharam por outros povos do norte da Europa, influenciando outras tradições. O que não é de admirar, já que uma das características dos nórdicos sempre foi sua proximidade com o mar. Essa circunstância fez deles grandes navegadores. Uma das imagens dominantes dos *vikings* (outro nome que muitas vezes os recobre) é a de seus barcos a remo e vela chegando a praias distantes. Até mesmo cruzaram o Atlântico e desembarcaram na América muito antes de Cristóvão Colombo.

De qualquer modo, como navegadores, exploradores, guerreiros e comerciantes, deixaram a marca de sua cultura em vários outros povos. Suas aventuras e suas lendas têm sido contadas em vários lugares pelos tempos afora — em livros, poemas, quadros, canções, óperas famosas, filmes e séries de televisão.

Esta coleção de histórias nórdicas traz apenas algumas. Dá para notar a presença do mar em duas delas. Dá para perceber a proximidade que esses povos sentiam de seus deuses, os quais muitas vezes se metiam em suas aventuras. Dá também para avaliar a valentia de seus heróis — que combatem piratas, enfrentam magos, vencem dragões. E dá para perceber que podem ter delicadeza e senso de humor, como na história da princesa criada por Andersen, um dos mais importantes autores de contos infantis de todos os tempos. Paralelamente, o leitor vai apreciando a convivência dos nórdicos com o frio, o gelo, as florestas de pinheiros — e a valorização de um ambiente acolhedor, com lareira quentinha, cobertores macios e uma mesa de requintados pratos que incluem inúmeras variações de carnes e peixes defumados.

Espero que também dê vontade de sair imaginando um belo passeio pelas terras e mares do norte, e procurando outros contos desses povos, sempre muito interessantes.

Ana Maria Machado

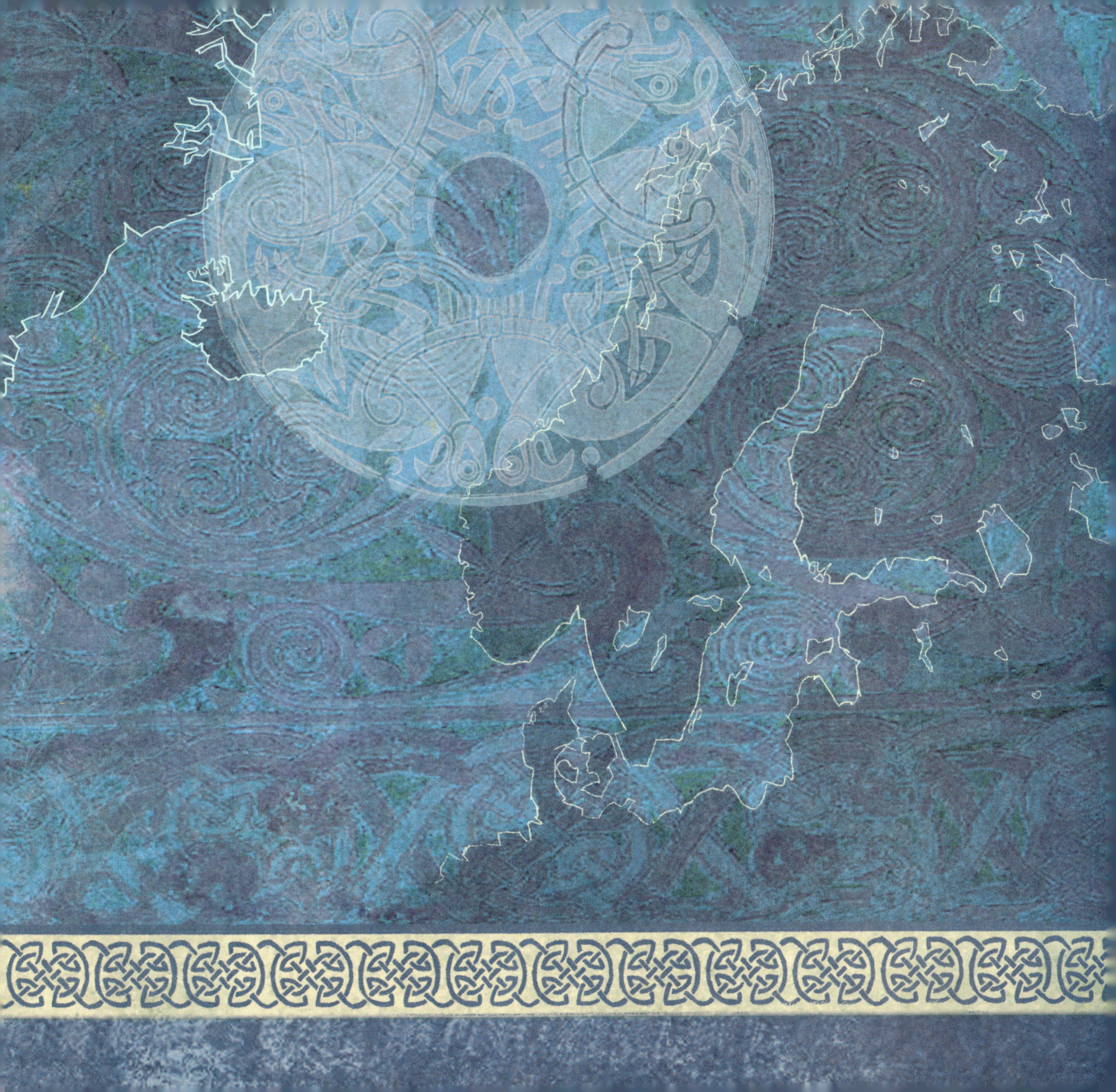

O príncipe Sigurd e o dragão Fafnir

Esta é uma das mais antigas histórias dos povos nórdicos. Era narrada de avós para netos nas longas noites de inverno, desde muito antes de ser escrita no século XIII e de ter servido de base para um número imenso de contos e recontos que se juntavam e se emendavam uns aos outros, formando as famosas sagas escandinavas ou nórdicas, conjuntos de histórias heroicas que parecem não ter fim.

Um dos mais poderosos e importantes deuses da mitologia escandinava e germânica era Odin, deus da sabedoria e da guerra, senhor da cura, da vida e da morte. Para proteger a dinastia real, ele deu ao

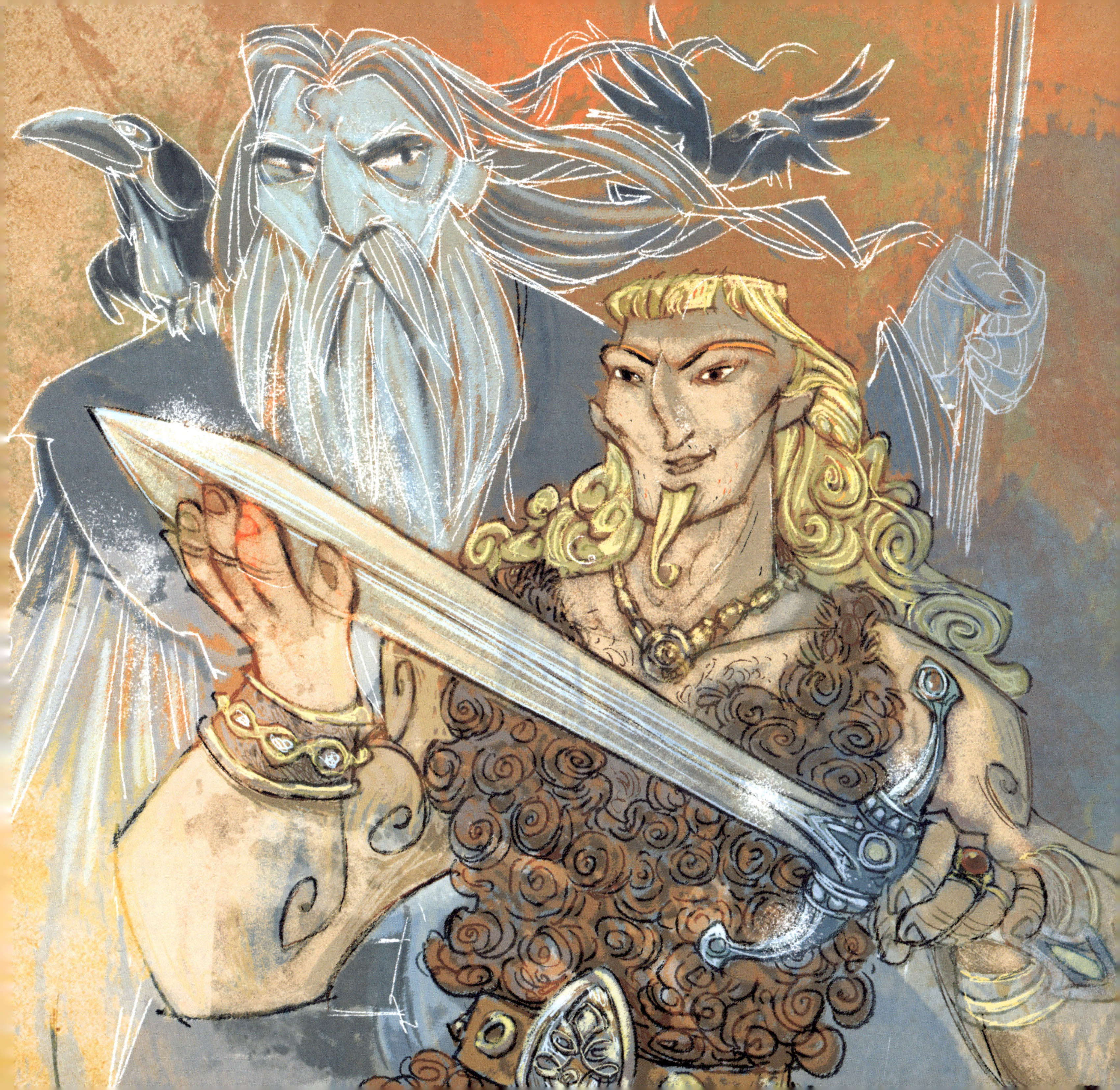

rei uma espada mágica, que acabou nas mãos de um dos príncipes, o lendário herói Sigurd, também chamado de Siegfried entre os germânicos (que ajudaram a espalhar esta história).

Esse príncipe Sigurd tinha sido criado por uma figura enigmática e poderosa, o anão Regin, mistura de ferreiro e mago. Ora bom, ora mau. Às vezes, bom conselheiro e criador de coisas boas; às vezes, ambicioso e traiçoeiro.

Acontece que o reino vivia assolado pela crueldade de um terrível dragão, chamado Fafnir, que morava numa caverna escura e ameaçadora, cercado por um tesouro fabuloso. E Sigurd resolveu enfrentá-lo. Nisso foi muito incentivado por Regin, seu mestre e preceptor. Por um lado, o mago queria ajudar o reino e dar ao príncipe uma oportunidade de ficar famoso e ser respeitado. Por outro, estava de olho na imensa riqueza do dragão.

Regin conhecia bem a coragem, a valentia e a capacidade de luta de Sigurd. Tinha certeza de que, se existisse no mundo um único homem capaz de vencer o dragão, seria Sigurd. Mas também sabia que o sangue de Fafnir era mortalmente venenoso. Bastaria que, durante a luta, uma gota pingasse no adversário e este logo morreria. Mas isso ele não disse ao príncipe. Não queria atrapalhar sua oportunidade de ficar muito rico, mesmo que essa conquista custasse a vida de seu protegido. O importante era que o dragão fosse derrotado.

O plano de Regin para vencer Fafnir era simples mas astucioso. Começou aconselhando a Sigurd o que o herói deveria fazer para matar o monstro:

— Toda manhã o dragão vem beber água no rio e faz sempre o mesmo trajeto. Depois que mata a sede, ele retorna à caverna e fica por lá até o dia seguinte, dormindo quase todo o tempo e tomando conta do tesouro. Você deve ir até a beira do rio durante a noite e cavar um buraco ou uma vala bem no meio do caminho do dragão. Cubra tudo com folhas e galhos de árvore, para disfarçar. Depois, é só se esconder na vala, com a espada mágica apontada para o alto. E esperar. Quando Fafnir vier e passar por cima, vai ser atingido e morrer.

Era um bom plano e tinha tudo para dar certo.

Quando Sigurd se aproximou da caverna para estudar o terreno, viu na lama junto ao rio as pegadas do dragão. Imensas. Dava para perceber que o monstro era enorme mesmo. Mas o herói não desistiu e tratou de preparar a armadilha.

Enquanto estava cavando, aproximou-se um velho, que começou a conversar com ele e acabou dizendo:

— Príncipe, imagino que isso que você está cavando é uma armadilha para o dragão Fafnir.

Sigurd confirmou.

— E talvez essa ideia tenha sido de seu preceptor, o mago Regin.

Sigurd confirmou.

— E na certa você vai se esconder aí dentro para esperar por ele e se proteger, até acertá-lo com sua espada poderosa.

Sigurd confirmou.

— Mas talvez ele não tenha lhe avisado que o sangue do dragão é mortalmente venenoso. Basta que uma só gota o atinja para que sua vida se acabe.

Sigurd ficou em silêncio.

O velho ficou calado alguns instantes e continuou:

— Então, se me permite, vou também dar um palpite. O sangue do dragão é muito espesso, grosso mesmo. Não vai esguichar de repente, vai fluir devagar. Dá tempo de você se proteger. Então, cave outro buraco mais raso ao lado desse, como uma espécie de prateleira na parede da vala, para onde você possa escorregar e se abrigar lá dentro quando o sangue do monstro começar a escorrer.

Sigurd agradeceu:

— Obrigado, senhor. É um conselho sábio. Que Odin o proteja.

— Ele já está protegendo você — foi a resposta do velho, que logo desapareceu na neblina.

Convencido de que tinha recebido um conselho do próprio deus Odin, Sigurd tratou de seguir as instruções.

Escolheu um lugar logo abaixo de um barranco bem perto do rio. Pelas pegadas, dava para perceber que todo dia o dragão descia por esse caminho e dava um pulo quando chegava bem ali, para se aproximar da água. Saltava e caía com todo o peso sempre no mesmo lugar. Foi justamente aí que Sigurd começou a trabalhar.

Escavou a parede lateral da vala, formando uma espécie de prateleira que servisse de abrigo, bem como o velho o instruíra. Depois, cobriu tudo com ramos de pinheiro, para disfarçar. Quando a armadilha ficou pronta, entrou no buraco, puxou os últimos galhos sobre a própria cabeça, para esconder a abertura, e ficou de tocaia, segurando a espada com a ponta para cima, à espera do inimigo. Lá ficou a noite inteira. Nem conseguia ver direito as estrelas por entre as folhas. Mal distinguiu a luz do sol quando o dia raiou.

Estava um pouco preocupado com uma coisa: como iria saber o momento exato de empurrar a ponta da espada para cima? Como saberia que Fafnir tinha acordado e vinha beber água?

Não precisava ter se preocupado. Quando o monstro saiu da caverna e deu os primeiros passos em direção ao rio, a terra começou a tremer. A cada passada dele, parecia haver um pequeno terremoto. Sigurd aguentou firme, só esperando.

De repente, tudo escureceu, no meio de um bafo quente e um fedor horroroso. Sigurd entendeu que era a sombra de Fafnir, que se aproximava da armadilha. E quando o monstro pulou do alto do barranco para chegar à água, caiu com toda a força em cima da ponta da espada mágica de Sigurd, espetada para cima bem naquele lugar.

Ouviu-se um urro medonho, que abalou os ares por todo o reino. E, quando o sangue espesso começou a escorrer do peito do dragão, Sigurd já tinha se recolhido para seu esconderijo, no buraco vizinho. Durante muito tempo, ouviu os golpes que o dragão dava, batendo a cauda no chão de um lado para o outro. E os berros, urros e gemidos que mostravam a raiva e a dor de Fafnir — primeiro muito fortes, depois aos poucos ficando cada vez mais fracos, até desaparecerem.

Fafnir tinha morrido.

Logo em seguida, Sigurd ouviu passos leves se aproximando. Saiu da vala e viu que Regin havia chegado e observava a cena toda, muito admirado de ver o príncipe com vida. Mas não perguntou nada. Nem o rapaz lhe contou coisa alguma a respeito da inesperada ajuda que recebera de Odin.

— Parabéns, você conseguiu matar Fafnir! — disse Regin. — É um herói, e seus feitos serão cantados em prosa e verso por séculos e séculos.

Nisso Regin estava certo. Depois, não estava tão certo quando continuou, dizendo o que queria:

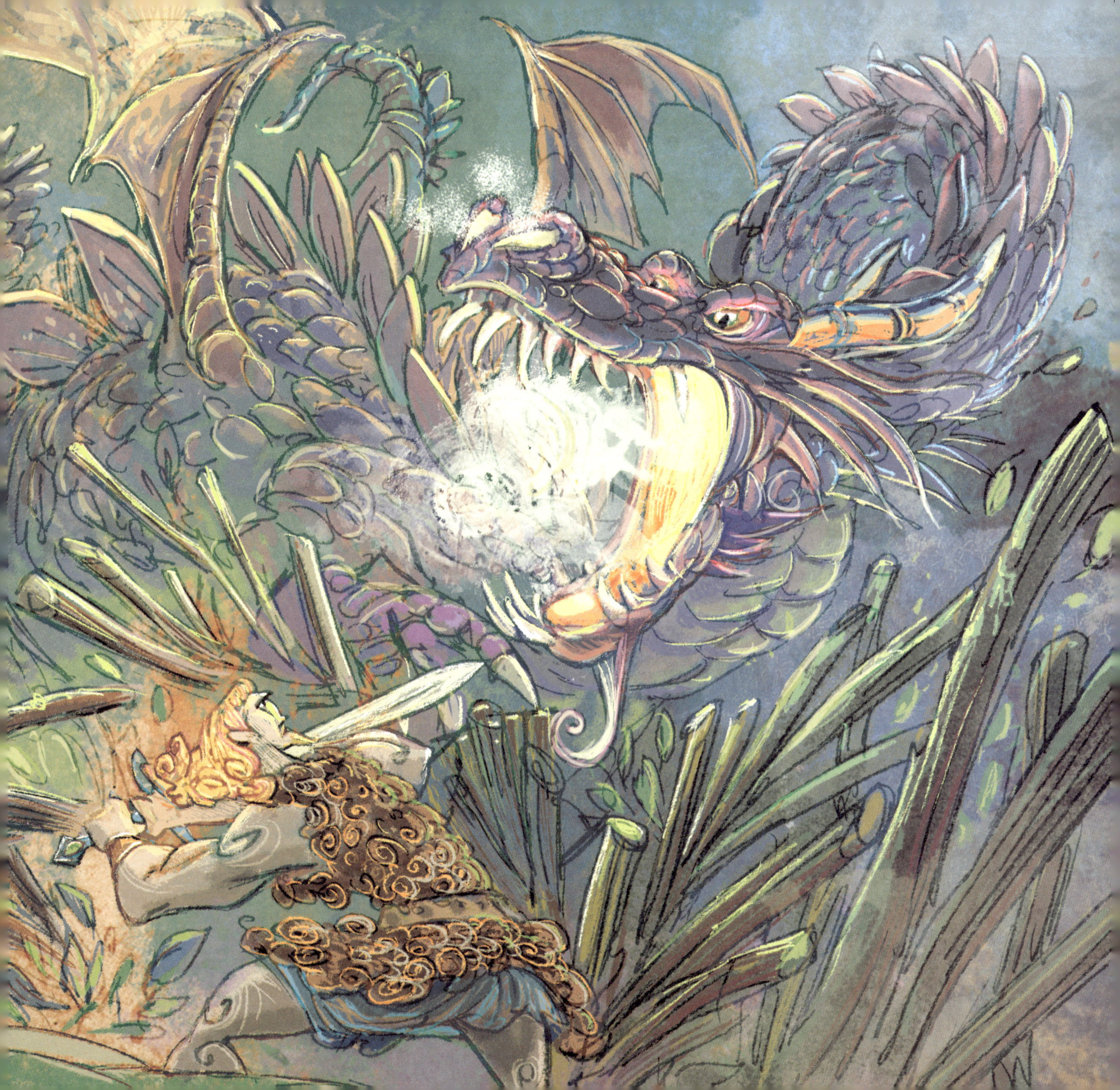

— Em sua honra, vou agora comer o coração do dragão. Prepare-o para mim. Mas você, que é mortal, não vai poder comer.

Acostumado a seguir as ordens de seu preceptor, e já tendo preparado muita caça assada para o mago, o príncipe Sigurd fez o que Regin mandava. Mas, quando estava preparando o sacrifício mágico, sujou as mãos com o sangue do dragão, que não era mais venenoso após a sua morte — e lambeu os dedos para limpar. Ele não sabia, mas o poder mágico do sangue do dragão fazia entender a linguagem dos animais. Assim, Sigurd ouviu o que um passarinho dizia para outro, pousados num galho próximo:

— Quem comer esse coração vai se tornar o mais sábio dos homens. E ainda poderá ler os pensamentos alheios.

Então Sigurd resolveu que dessa vez não ia obedecer ao preceptor. Não ia dar o coração de Fafnir para Regin. Em vez disso, decidiu que ele mesmo o comeria. Mal o provou, entendeu tudo o que se passava pela cabeça de Regin naquele momento: o anão se aproximava dele pelas costas, com um facão, para matá-lo. Sigurd mal teve tempo de se virar e acabar com o mago.

Depois, tratou de comer todo o coração de Fafnir. Transformou-se no mais sábio dos homens e detentor do grande tesouro do dragão. Tornou-se um dos maiores guerreiros *vikings* e um herói muito importante na tradição de vários povos. Suas proezas se multiplicaram, atravessando as fronteiras de vários países, e foram celebradas em poemas, histórias, óperas. Ao longo do tempo, fizeram-se muitos livros e filmes sobre Sigurd. A saga tradicional garante que jamais nasceu nenhum homem que a ele se igualasse em sabedoria, coragem, ousadia e em todo tipo de gentileza e generosidade.

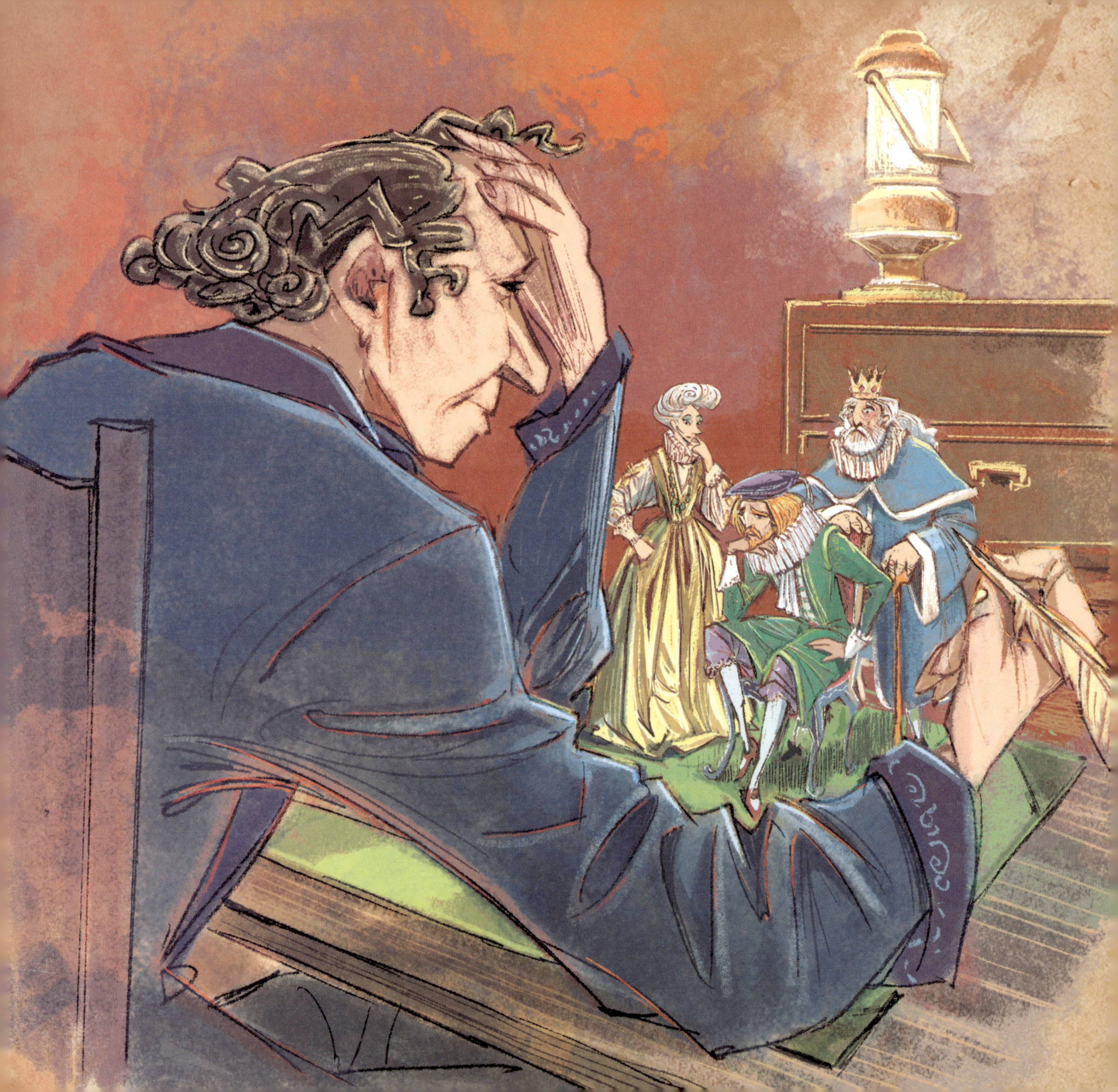

Uma verdadeira princesa

Há muito, muito tempo, em reinos onde os reis e as rainhas tinham poder para mandar e desmandar, muitas vezes eles se achavam tão melhores que a gente, tão acima de todo mundo, que alguns acreditavam até que tinham sangue azul.

Desde pequenos, os príncipes e princesas eram cheios de não me toques e bobagens, muito despreparados para a vida. E às vezes se metiam em umas situações bem ridículas, como nesta história contada por Hans Christian Andersen, um grande escritor dinamarquês.

Diz-se que era uma vez um príncipe procurando uma noiva, mas ele só queria se casar com alguma moça que fosse uma verdadeira princesa. O rei e a rainha resolveram ajudá-lo nessa busca.

Deram grandes festas convidando as moças mais lindas e importantes de todos os reinos da vizinhança. Mandaram chamar as herdeiras dos reinos mais distantes, para virem com seus pais em visitas oficiais, recebidas no palácio com todas as honras. Organizaram torneios de cavalaria, campeonatos de pesca, concursos de bordado, concertos de música, exposições de flores, desfiles de mantos e joias, corridas de cachorro, festivais de dança — enfim, tudo o que conseguiram imaginar para atrair possíveis namoradas para o filho.

Quase todas as convidadas eram jovens, bonitas, elegantes e bem-educadas. Todas eram filhas de reis e rainhas. Mas nenhuma era perfeita como eles achavam que devia ser uma verdadeira princesa. O príncipe olhava, torcia o nariz, fazia biquinho e reclamava com os pais.

Eram muito exigentes. Para eles, nenhuma princesa servia.

Uma era muito branquela, outra, morena demais.

Uma era muito comprida, outra, baixinha demais.

Uma era magrela e ossuda, outra, rechonchuda demais.

Uma detestava gatos, outra tinha cachorros demais.

Uma amarrava a cara à toa, outra ria alto demais.

Uma tinha mau hálito, o perfume da outra era enjoativo demais.

E, assim, foram franzindo o nariz para umas e outras, como se fossem um bando de rabugentas, fedorentas e perebentas. Como se nenhuma fosse uma verdadeira princesa.

E o príncipe continuava solteiro.

Até que, uma noite, houve uma tempestade assustadora. Raios, trovões, ventania. Parecia que o mundo ia acabar num dilúvio ou ser arrastado para o espaço por um vendaval. Os galhos das árvores se sacudiam, objetos vinham bater nas vidraças, a chuvarada nem deixava ver o outro lado da estrada. E, de repente, ouviram-se umas pancadas que se repetiam na porta.

— Parece alguém batendo... — disse o príncipe.

— Será algum viajante perdido? — perguntou o rei.

Mas, antes que a rainha mandasse alguém abrir, o mordomo já vinha anunciar:

— Majestades, há uma moça aí, pedindo abrigo para passar a noite.

Bem que eles acharam que ela devia ser meio folgada, com essa ideia de vir visitar o palácio no meio da tempestade e ainda se oferecer para ficar. Mas o mordomo já explicava:

— Ela contou que é a princesa de um reino atrás dos montes, que saiu para cavalgar hoje cedo. O animal se assustou com um relâmpago, a derrubou no chão e fugiu a galope. Ela disse que andou horas em direção às luzes do palácio e encontra-se muito cansada.

— Princesa? — repetiu a rainha, com os olhos brilhando... — De verdade? Como é que ela é?

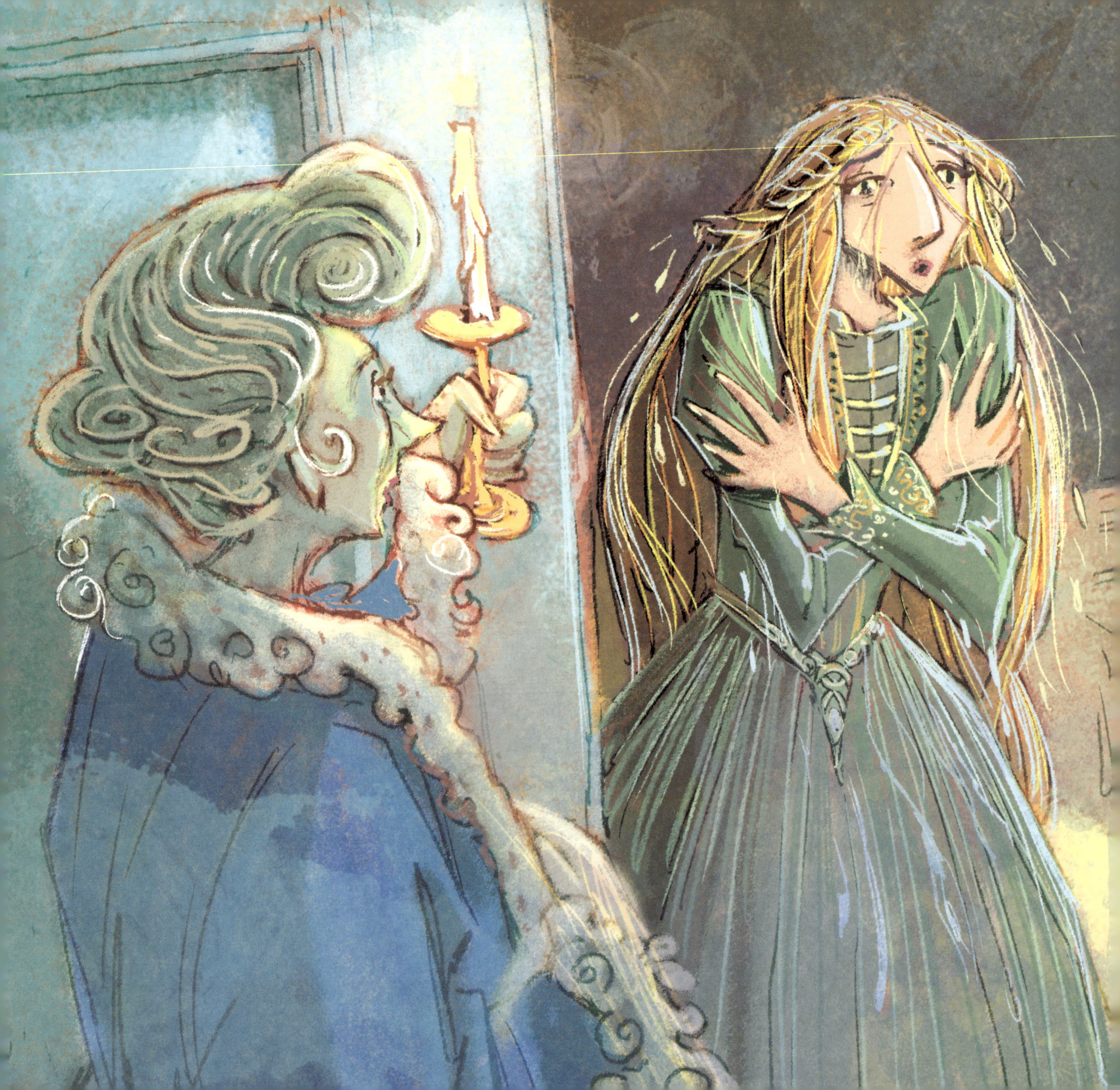

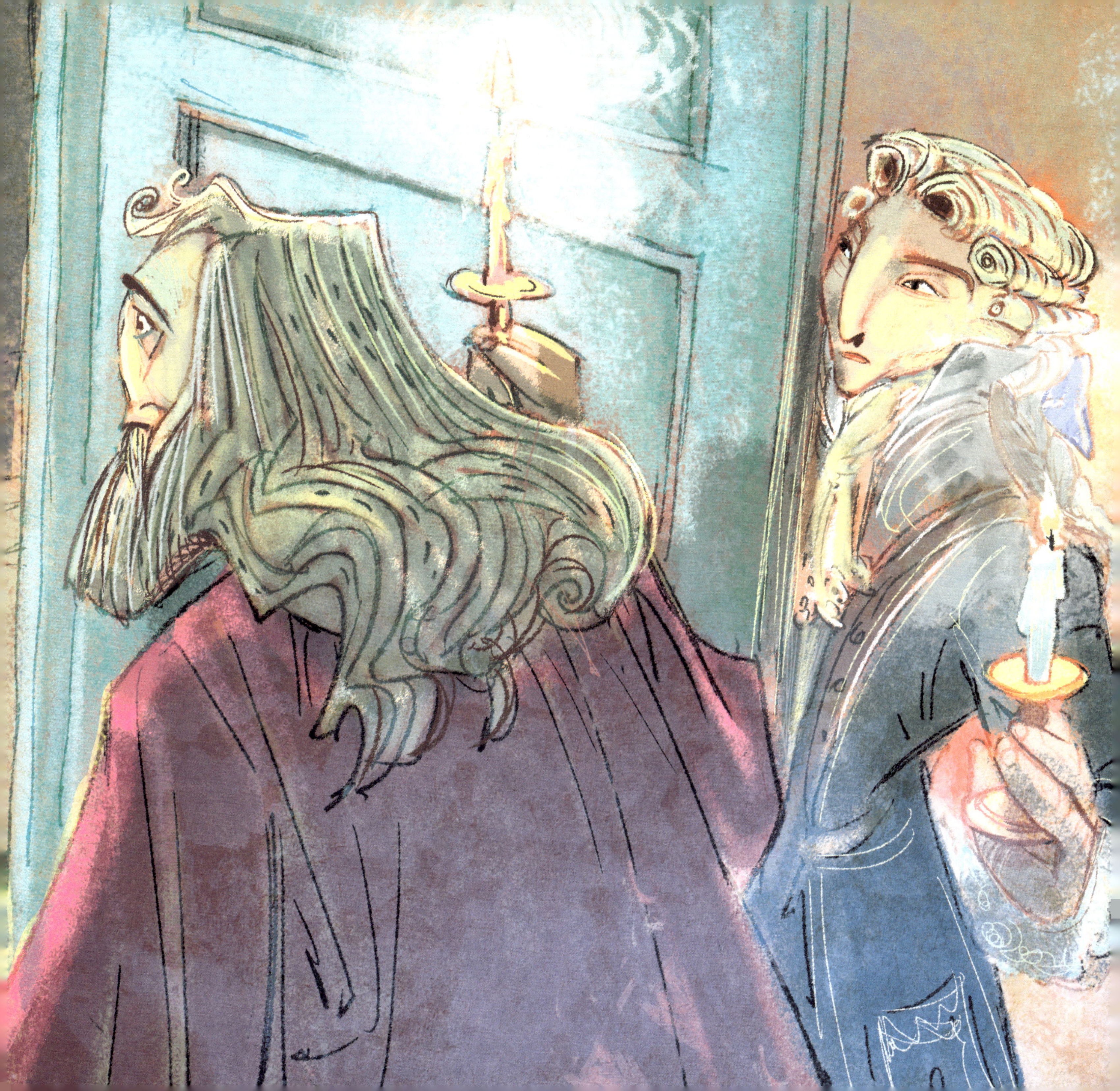

— Muito molhada...

— Vou ver. Eu mesmo, em pessoa — disse o rei, todo animado.

Desceram a escadaria da sala do trono e foram até o vestíbulo da entrada, onde viram uma moça encharcada, espirrando, com os cabelos escorrendo água e a roupa enlameada e grudada no corpo. Não tinha o menor jeito de ser uma verdadeira princesa.

O rei ficou em dúvida se deviam abrigar uma intrusa no palácio. Perguntou-lhe de novo o que fazia ali, e ela repetiu a mesma história que contara ao mordomo, do mesmo jeito.

Mas a rainha ficou com pena. E, como viu o príncipe olhando para a moça com um jeito meio interessado, tratou de oferecer abrigo à garota:

— Vou mandar lhe dar uma sopa quente e preparar uns aposentos para você descansar.

Saiu para dar suas instruções à criadagem, mas pelo caminho foi pensando. Não entendia por que o príncipe ficara olhando para a moça com um ar tão apalermado, um jeito de quem queria muito que ela fosse uma verdadeira princesa. Afinal, ela não era nada de mais. Nem muito feia nem muito bonita. Nem branquela nem morena. Nem comprida nem baixinha, nem magrela nem gorducha. Nem perfumada nem fedorenta.

Enquanto mandava preparar o quarto de hóspedes, a rainha teve uma ideia. Mandou pedir um grão de ervilha na cozinha, bem durinho — que naquele país não costumam comer feijão. E colocou com cuidado a ervilha no estrado de madeira da cama. Depois recomendou aos criados que não tirassem a ervilha dali. E que empilhassem vários colchões sobre o estrado, tantos quanto houvesse sobrando no palácio. E que fizessem a cama com lençóis de seda, perfumados com lavanda, e cobrissem tudo com um edredom bem macio, de penas de peito de ganso.

Ficou uma pilha tão alta, de vinte colchões, que foi preciso encostar uma escada para que a princesa pudesse subir e se deitar lá em cima.

Depois, a rainha mandou preparar um banho morninho na banheira de hóspedes e separou uma camisola bordada para a princesa dormir. E umas roupas sequinhas para ela vestir no dia seguinte.

No meio da noite, a rainha foi lá ver se a princesa estava dormindo. A porta rangeu, a moça se mexeu e perguntou:

— Quem está aí?

A rainha ficou quieta. Não respondeu nada, mas saiu bem contente ao ver que a princesa estava acordada. Na manhã seguinte, na mesa do café, a rainha perguntou:

— Dormiu bem, querida?

A princesa ficou sem jeito. Primeiro desconversou, com um ar de quem não queria parecer indelicada:

— É... Eu estava cansada, precisava mesmo de uma boa noite de sono.

Depois, reparou que o rei, a rainha e o príncipe continuavam a olhar para ela como quem espera uma resposta e resolveu dizer:

— Bom, para ser sincera, tudo estava muito bem. Os lençóis eram muito perfumados, o colchão era muito macio, o edredom era quentinho. Não quero parecer indelicada e não estou reclamando. Mas me ensinaram que eu devo sempre dizer a verdade e preciso confessar que não consegui dormir. Tinha alguma coisa na cama, um murundu qualquer no colchão, uma coisa pequenina e dura que não sei o que era, mas ficou me incomodando e machucando a noite toda... É que eu tenho a pele muito delicada, sabem?...

— Então quer dizer que você sentiu uma ervilha seca embaixo de vinte colchões? — disse a rainha.

A moça assentiu com a cabeça, sem dizer uma palavra.

— Então é porque você é mesmo uma verdadeira princesa! — exclamou o príncipe todo contente.

E resolveu se casar com ela. Viveram felizes para sempre. E a ervilha foi para uma redoma de vidro num lugar de honra do museu real.

É assim que acaba a história que o Andersen conta. Mas há quem conte um pouco diferente, desconfiando que uma das criadas contou à moça sobre a ervilha embaixo dos colchões. E que, quando a princesa percebeu que a rainha tinha vindo no meio da noite conferir se ela estava dormindo, imaginou que devia haver um plano qualquer. E resolveu arriscar aquela resposta para se casar com o príncipe. É que tinha gostado do jeito dele — nem feio nem bonito, nem gorducho nem magrelo, nem moreno nem branquelo.

Feitos um para o outro.

O ganso do capitão

Era uma vez um capitão de navio que costumava navegar pelos mares nórdicos, pelo meio dos fiordes — que são imensos vales rochosos inundados pelo mar, em países como a Suécia e a Noruega. Era muito valente e tinha ficado famoso por combater e vencer piratas que infestavam a região. Derrotara todos eles e os expulsara para bem longe.

Mas essa fama toda o tornou muito orgulhoso, e ele se gabava de ser o homem mais honesto do mundo. Começou a achar que merecia ser muito mais que um reles capitão.

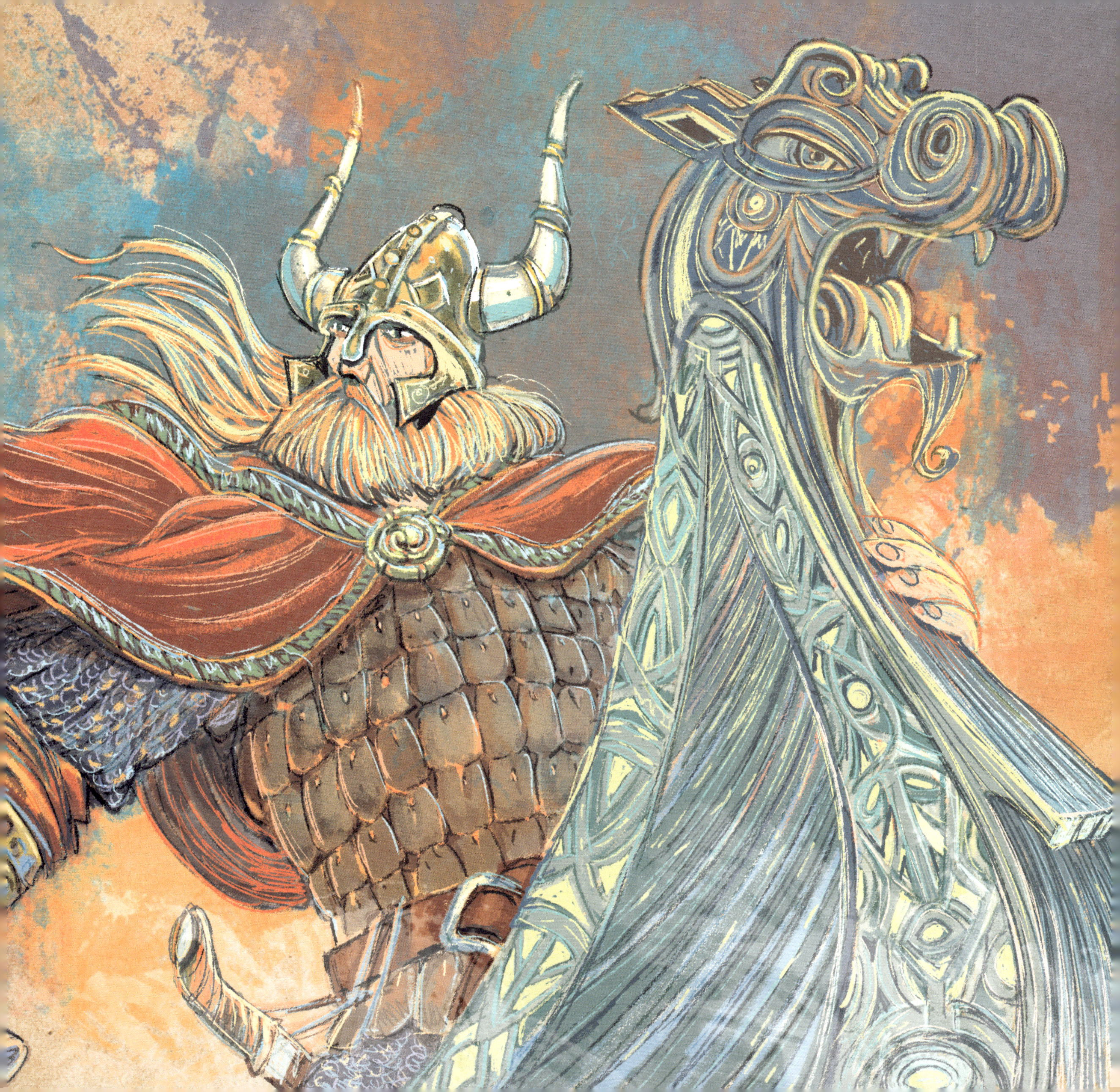

Uma noite, ele esperava na cabine do navio o jantar ficar pronto, sentindo o cheiro delicioso de um ganso assado que o cozinheiro preparava. De repente, a porta se abriu e entrou um mago, de longa barba, envolto num manto salpicado de estrelas e apoiado num bastão.

— Boa noite — saudou o visitante. — Sei que o senhor é muito corajoso, muito forte e muito honesto. Mas sei também que acha que devia ser mais poderoso. Então vim lhe fazer uma oferta. O que acha da ideia de ser rei?

O capitão levou um susto com aquela visita inesperada. Mas não podia negar que andava muito chateado, sem nada para fazer, porque já tinha derrotado todos os piratas que navegavam por aquelas bandas. Queria novas emoções. Não queria virar pescador nem comerciante.

— Bom, a única coisa que ainda quebra minha rotina é uma boa tempestade de vez em quando... Ser rei pode ser bem divertido. O senhor tem razão, tenho pensado muito nisso. Mas como posso virar rei?

— Pode deixar que eu dou um jeito. Para um mago como eu, tudo é possível. Só tem uma condição.

— Qual?

— Depois que você virar rei, todo ano eu venho visitá-lo. E a cada vez você me dá dez moedas de ouro.

— Só isso? Combinado — respondeu o capitão.

— Então venha comigo — chamou o mago.

Não precisou chamar duas vezes. O capitão nem ligou mais para o cheiro gostoso do ganso que estava assando. Deixou o cozinheiro, o forno e a cabine para trás e seguiu em direção ao convés, atrás do mago, que fez um gesto com o bastão e os dois imediatamente ficaram invisíveis.

Nenhum dos marinheiros viu quando eles saíram e pularam para dentro de um barco mágico que apareceu de repente.

E lá se foram, navegando pelo mar afora até chegar a um reino muito bonito, cheio de florestas que cobriam montanhas altas e com um mar muito azul que adentrava a terra pelo meio dos fiordes.

Atracaram no porto e logo ficaram sabendo da novidade. A população da cidade estava muito preocupada, porque o rei tinha acabado de morrer e o herdeiro era um principezinho que só tinha dez anos. E, como as águas daquele mar eram muito cheias de peixes de todo tipo, e as montanhas, muito ricas em minas de metais preciosos, a notícia logo se espalhara. O povo estava preocupado porque sabia que em breve viriam piratas de todo canto.

— Não temos como nos defender... — lamentavam-se todos, aflitos.

— Somos pescadores e comerciantes, não sabemos lutar... — explicou um velho na beira do cais.

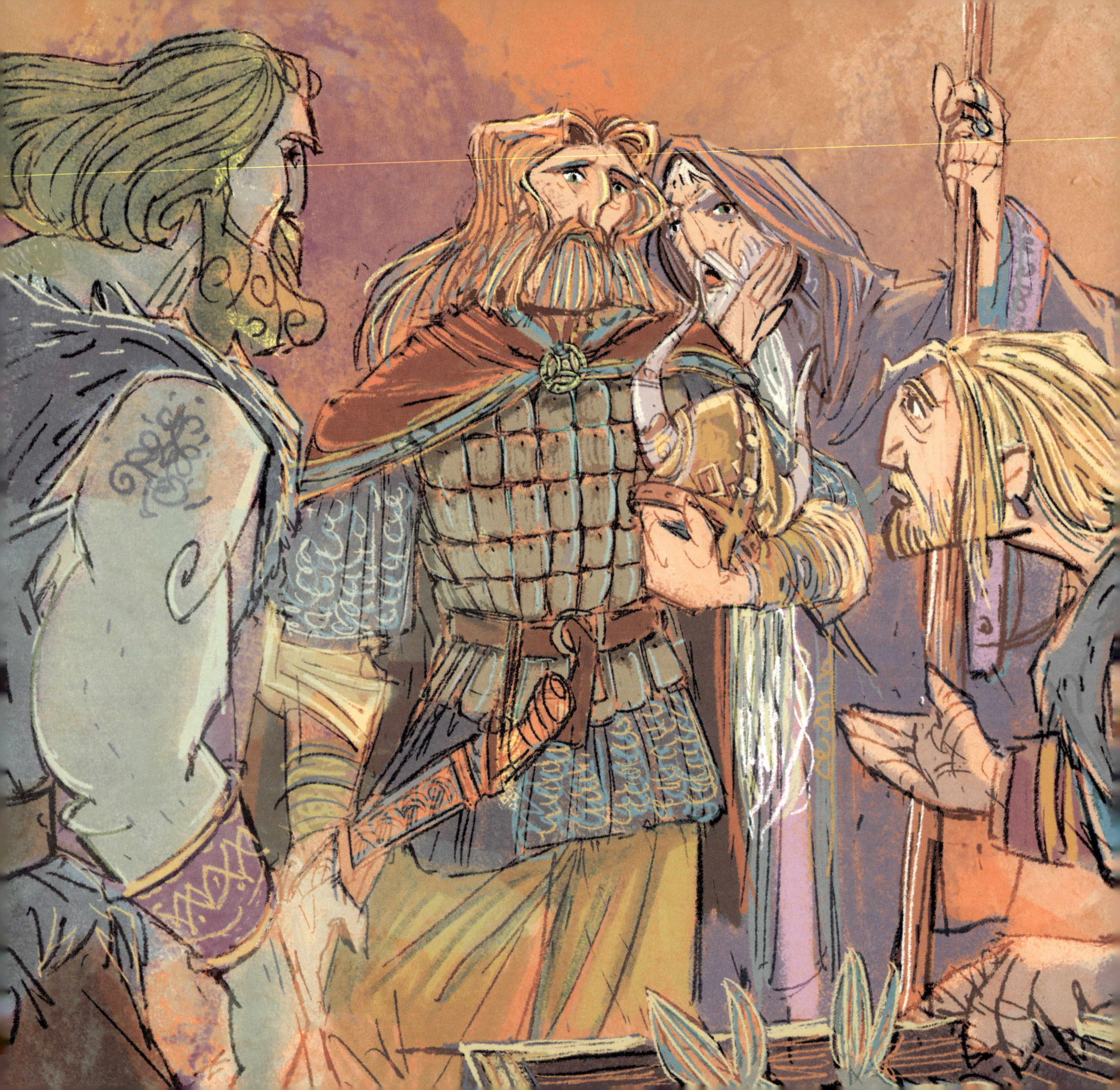

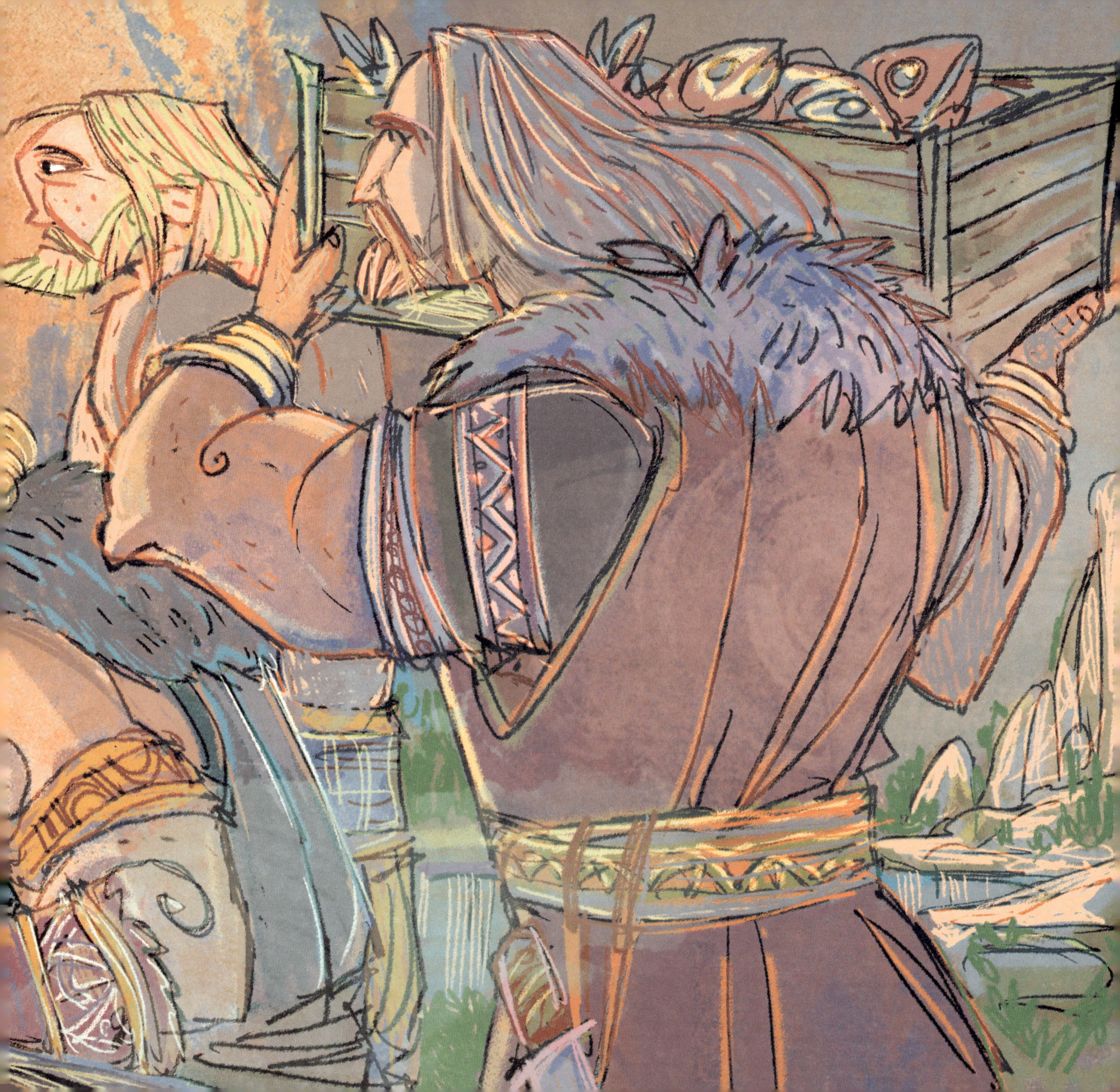

— Precisamos de proteção — disse um rapazola que carregava um cesto cheio de peixes.

Ouvindo isso, o capitão e o mago se dirigiram ao palácio real, onde estavam reunidos os ministros.

— Senhores... — anunciou o mago, batendo com seu bastão no chão. — Conheço bem o problema que estão enfrentando. Todos os piratas do mundo estão vindo para cá. Essa criança é muito pequena para ser rei e não vai poder lutar contra eles.

— Não vou mesmo — disse o menino.

— É... o senhor tem razão — disse o primeiro-ministro. — Mas o que podemos fazer?

— Tenho aqui comigo o maior inimigo de piratas do mundo. Um verdadeiro campeão, que já derrotou centenas de bandidos terríveis. Ele limpou os mares do reino vizinho. Por que vocês não lhe entregam o trono e a coroa? Assim ele pode resolver o problema.

Os ministros se olharam, fizeram uma rodinha num canto, conversaram em voz baixa e perguntaram ao príncipe o que ele achava.

— Por mim, tudo bem — disse o menino. — Não faço a menor questão de enfrentar piratas. Nem de residir num palácio, sentar em trono e botar coroa na cabeça. Se eu tiver um lugar para morar, uma cama macia, um jardim para brincar, umas roupas quentinhas e não faltar comida... está tudo certo. Ele pode virar rei, ir a todas as guerras e lutas que quiser. E eu posso ir à escola, ter amigos e me divertir.

Concordaram todos que essa podia ser uma solução. Mas, primeiro, o capitão tinha de lutar contra os piratas. Se vencesse, poderia ficar sendo rei.

Nem foi muito difícil.

O capitão organizou o exército e foi para a praça em frente ao porto, a fim de esperar o desembarque dos piratas. Logo que chegou o primeiro navio deles, desembarcou lá de dentro um monte de gente mal-encarada.

O chefe vinha na frente. Era um sujeito enorme, de barba negra e perna de pau. Comandava aquele bando havia algum tempo e já andara pirateando por outras bandas. Por isso, logo reconheceu o capitão. Era justamente quem o deixara com aquela perna de pau, depois de uma luta terrível...

Por isso, assoviou disfarçando, mudou de ideia, deu meia-volta e avisou os companheiros:

— Ih, gente... Olhem só quem está aqui... É melhor irmos para outro lugar.

E foi isso mesmo o que fizeram, bem rapidinho.

O segundo navio pirata era comandado por um grandalhão todo tatuado, com uma venda no olho e um urubu pousado no ombro. Esse achou que podia enfrentar o capitão. Achou... Mas, quando tentou, se deu mal. Num instante, o capitão e seus soldados avançaram de espada em punho e acabaram com ele e toda a sua tripulação fedorenta. E, enquanto os bandidos corriam de volta para o barco e levantavam as velas para sair dali bem depressa, já havia outros navios chegando.

A essa altura, os soldados do reino estavam bem animados com a valentia do capitão. Era só ouvir a ordem: "Avançar!...", e saíam avançando, de espadas na mão, ou apontando as pistolas, enfrentando a pirataria toda. Num instante o bando de mal-encarados se espalhava correndo. Muitos reconheciam o capitão e, enquanto fugiam, gritavam uns para os outros:

— Vamos embora! É ele outra vez!...

Rapidamente se alastrou a notícia de que o reino era defendido pelo mesmo capitão que já vencera todos eles. Num instantinho, viam-se todas aquelas bandeiras cheias de caveiras e ossos cruzados se afastando cada vez mais do porto. Os navios piratas foram sumindo no horizonte para nunca mais voltar.

Houve grandes festas no reino. As pessoas dançavam nas ruas, faziam churrasco na praça, tocavam música e cantavam por toda parte. O principezinho ficou muito bem instalado no lugar que escolheu, enquanto o capitão foi coroado e passou a viver no palácio. O mago foi embora.

Assim se passou o primeiro ano.

O capitão até que era um bom rei... O povo se sentia seguro, os ministros ficaram contentes, e parecia que tudo ia bem.

No fim do ano, o mago apareceu de visita e o rei deu a ele as dez moedas de ouro combinadas. Os ministros acharam aquilo meio esquisito, mas não sabiam do combinado e não falaram nada.

Quando se passou o segundo ano, lá veio o mago de novo e, mais uma vez, o capitão deu a ele o que tinham acertado. Mas, desta vez, os conselheiros reais começaram a reclamar uns com os outros.

Nas vésperas de se completar o terceiro ano, os ministros foram falar com o rei:

— Majestade, aquele mago vem aí de novo?

— Vem.

— E Vossa Majestade vai dar a ele dez moedas de ouro outra vez?

— Vou.

— Mas Vossa Majestade não devia fazer isso. Não foi ele quem lutou contra os piratas nem os expulsou do reino. Vossa Majestade é que foi um herói, correu riscos, enfrentou perigos e nos libertou. Ele não fez nada, além de trazer Vossa Majestade até aqui.

O rei ficou pensativo. Começou a achar que os ministros tinham razão. Quem se arriscara tinha sido ele. Esqueceu que, sem o mago, não teria encontrado aquele reino onde era tão festejado e levava uma vida tão boa. Pensou, pensou e resolveu o que ia fazer.

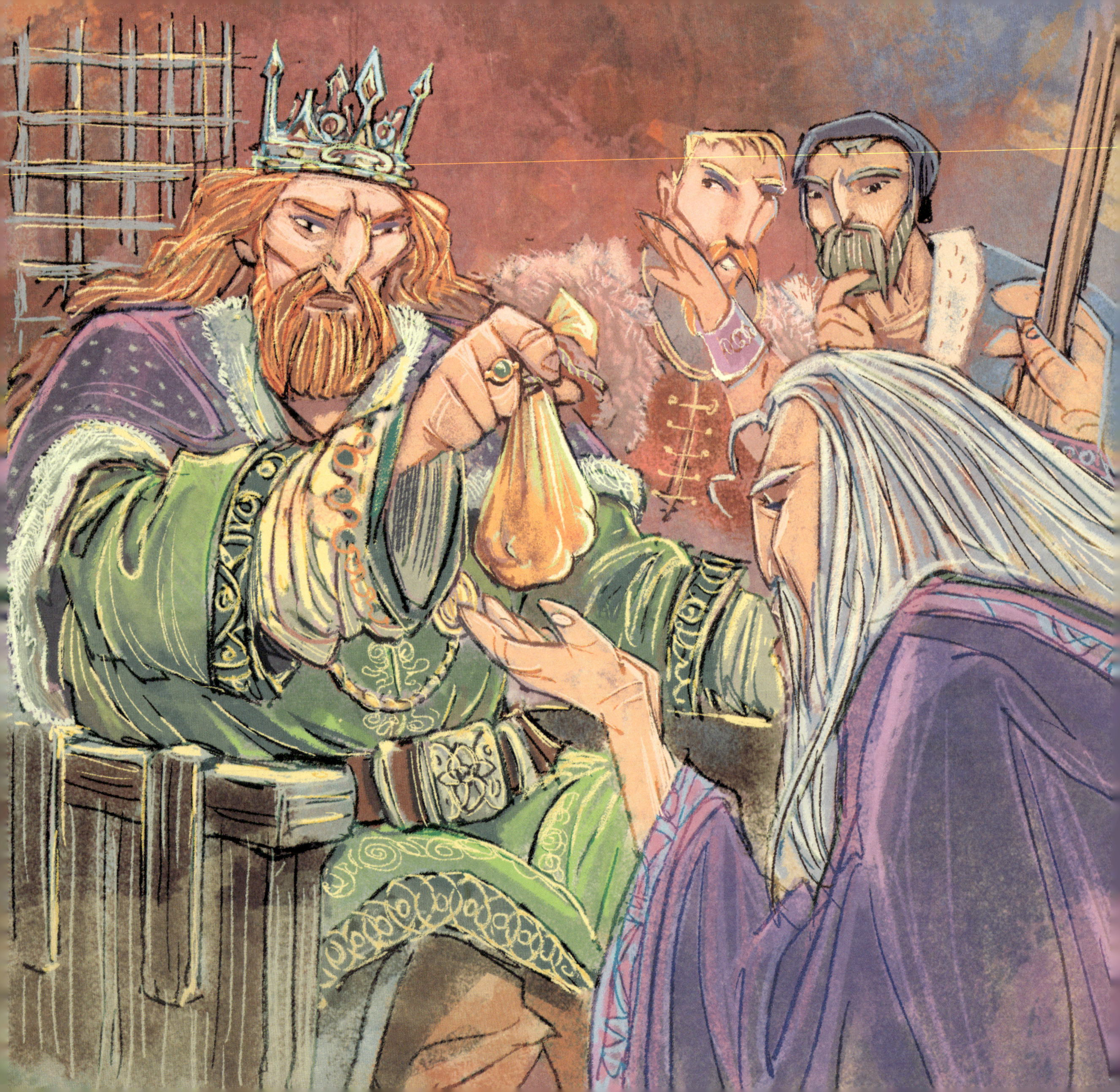

Quando o mago apareceu, o rei disse:

— Já lhe dei bastante. Mas fui eu que fiz tudo, tive todo o trabalho de derrotar os piratas. Já lhe dei dois pagamentos de dez moedas. Agora acabou. Isso não pode durar para sempre. Trate de ir embora antes que eu chame os guardas para prendê-lo numa masmorra.

Os olhos do mago brilharam de raiva.

— Ah, é assim? Pois bem.

Fez um gesto com o bastão e... pofff!!!

Foi um estouro baixinho e seco. Como uma bolha de sabão que arrebenta. Nada que parecesse uma explosão. Quase ninguém ouviu.

Mas na mesma hora os ministros sumiram, o palácio desapareceu e o trono do rei virou a cadeira dura do capitão, na cabine do navio. Aliás, quando ele olhou em volta, viu que era na cabine mesmo que estava. Sozinho.

A porta se abriu e entrou o cozinheiro com uma travessa: o ganso assado estava prontinho. Cheiroso, de dar água na boca.

O jeito era comer, antes que sumisse também. E aprender a lição — se é que aquilo tudo não havia sido só um sonho, durante um cochilo do capitão.

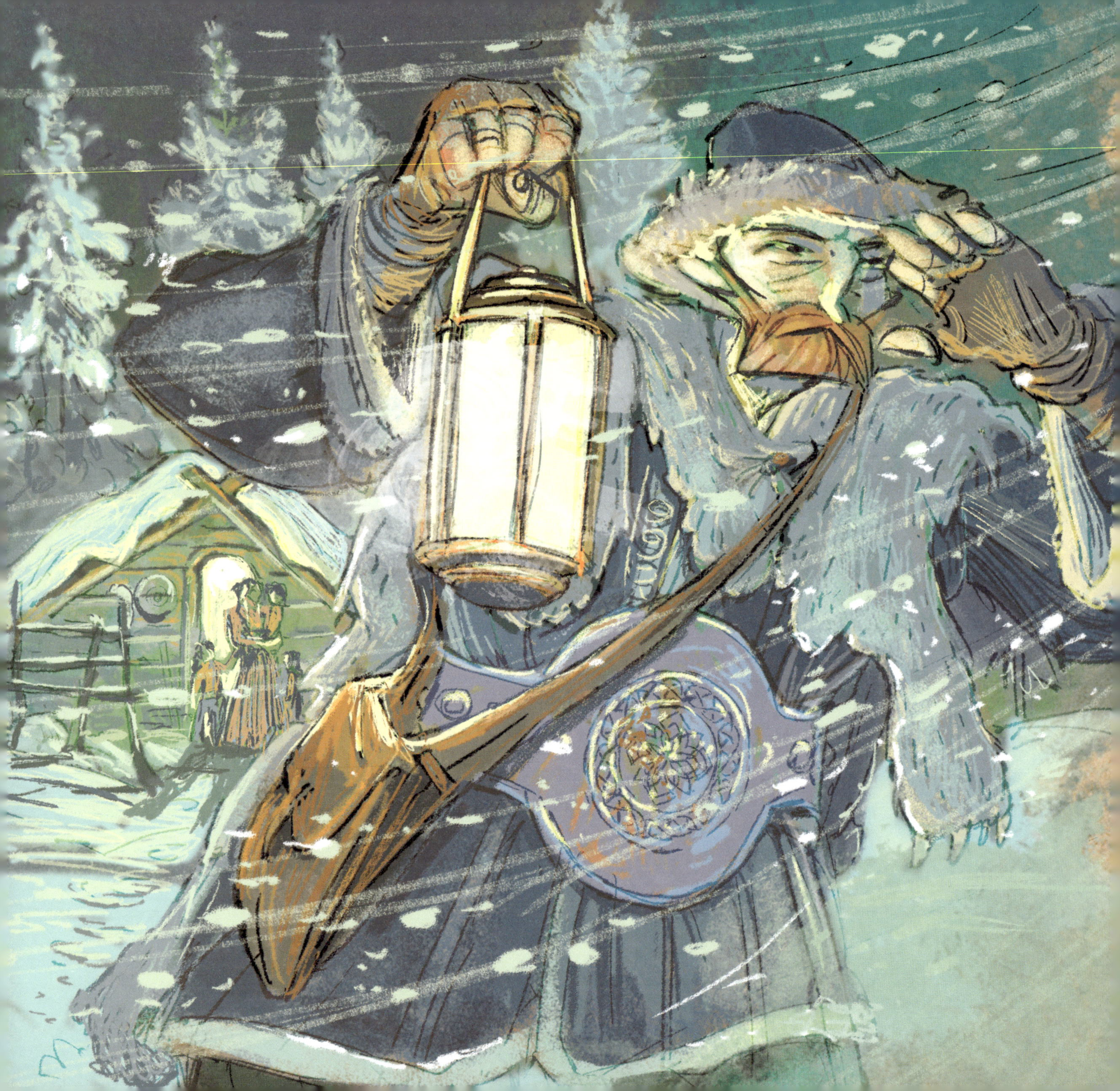

Como o mar ficou salgado

Uma velha história finlandesa conta como o mar ficou salgado.

Dizem que, na beira de uma floresta de pinheiros junto ao mar Báltico, havia uma pequena aldeia de cabanas de madeira. E que nessa aldeia, há muitos e muitos anos, no tempo em que o mar ainda era de água doce, numa noite de Natal, dava para ouvir o choro de uma criança vindo de dentro de uma das cabanas.

É que lá morava uma família muito pobre — um pescador, sua mulher e sete filhos. E, nessa noite, como a comida tinha acabado, o menorzinho estava chorando de fome. Por isso, o pescador resolveu atravessar uma tempestade de neve para ir até o outro lado da aldeia, bem no final do povoado, onde morava seu irmão, que era rico e sovina.

Chegando lá, bateu à porta e pediu:

— Por favor, será que você pode me dar alguma coisa para comer? Você sabe que eu não costumo pedir, mas é Natal. Não tem mais nenhuma comida lá em casa, e as crianças estão com fome.

O irmão rico pegou no lixo um casco de vaca, jogou na mão do outro e disse:

— Só tenho isso. E suma da minha frente, seu idiota. Vá para o diabo que o carregue...

O homem saiu dali com aquele casco de vaca gelado na mão, desesperado, sem saber o que fazer, e foi andando pela beirada do bosque. Logo adiante, encontrou uns lenhadores trabalhando no corte de lenha e carregando uma carroça. Cumprimentou-os e perguntou:

— Vejo que vocês são carregadores. Meu irmão me recomendou que o Diabo me carregasse. Vocês sabem como é que eu faço para conseguir isso?

— Diabo mesmo a gente não conhece. Mas quem sabe se Heesi não serve? Nós trabalhamos para ele.

Heesi era um deus daquelas terras geladas. Senhor das florestas, poderoso, esquisito e meio bruxo.

— E como é que faço para falar com ele? — perguntou o pobre homem.

— Vá em frente, direto por esse caminho de onde viemos. É bem fácil de ver, basta seguir as marcas dos galhos de árvores cortados, onde nós estivemos recolhendo lenha para o inverno. Não é longe — disse um deles.

E outro completou:

— Mas aconselho a levar esta acha de lenha com você. É que, logo que você chegar à casa de Heesi, ele vai fazer questão de cumprimentá-lo e apertar sua mão. E ele é tão forte que pode esmigalhar seus ossos, sem querer. Então estenda a acha de lenha e deixe que ele aperte. Assim não correrá perigo.

— Muito obrigado — agradeceu o homem. — E feliz Natal.

Ouvindo isso, o primeiro lenhador fez outra recomendação:

— Ah, e se Heesi quiser lhe dar um presente de Natal, peça a pedra de moinho que ele tem em casa, pendurada na parede. Ele gosta de ser generoso, e isso pode ser muito útil...

O homem seguiu as instruções direitinho, indo em frente até chegar à casa de Heesi. Bateu à porta delicadamente. Logo a porta foi aberta e ele se viu diante de um sujeito imenso, com uma barba branca compridíssima que se estendia até o chão. Pelo meio dela, dava para ver que tinha um só dente. Suas mãos eram cheias de calos e mais grossas do que o tronco de uma árvore. Mas, mesmo com esse aspecto abrutalhado, ele foi gentil. Numa saudação, apresentou a mão direita para cumprimentar o visitante e o convidou a entrar.

Na mesma hora, o pobre se lembrou do conselho do lenhador e lhe estendeu a acha de lenha, que o gigante apertou e logo transformou em serragem, como aquele pó fininho que a gente encontra nas serrarias.

Em seguida, o gigante fez o homem entrar e o convidou a sentar à sua frente, em uma enorme poltrona feita de pedra, diante de uma lareira descomunal e quentinha.

— Eu lhe trouxe um presente — disse o homem, oferecendo a Heesi a pata de vaca.

Heesi sorriu, pegou o presente e o colocou na boca, como se fosse um amendoim ou uma bala. Imediatamente o engoliu, sem deixar nem uma sobra.

— Muita gente tem curiosidade de me ver, mas nunca ninguém me trouxe um presente — comentou. — Muito obrigado, é muita gentileza. Merece uma recompensa. O que você quer? Ouro? Prata? Pode escolher o que quiser...

— O que eu vou fazer com ouro ou prata? — respondeu o pobre. — Isso não tem a menor serventia para mim. Mas se você me der aquela pedra de moinho que está ali na parede, pode ser bem útil...

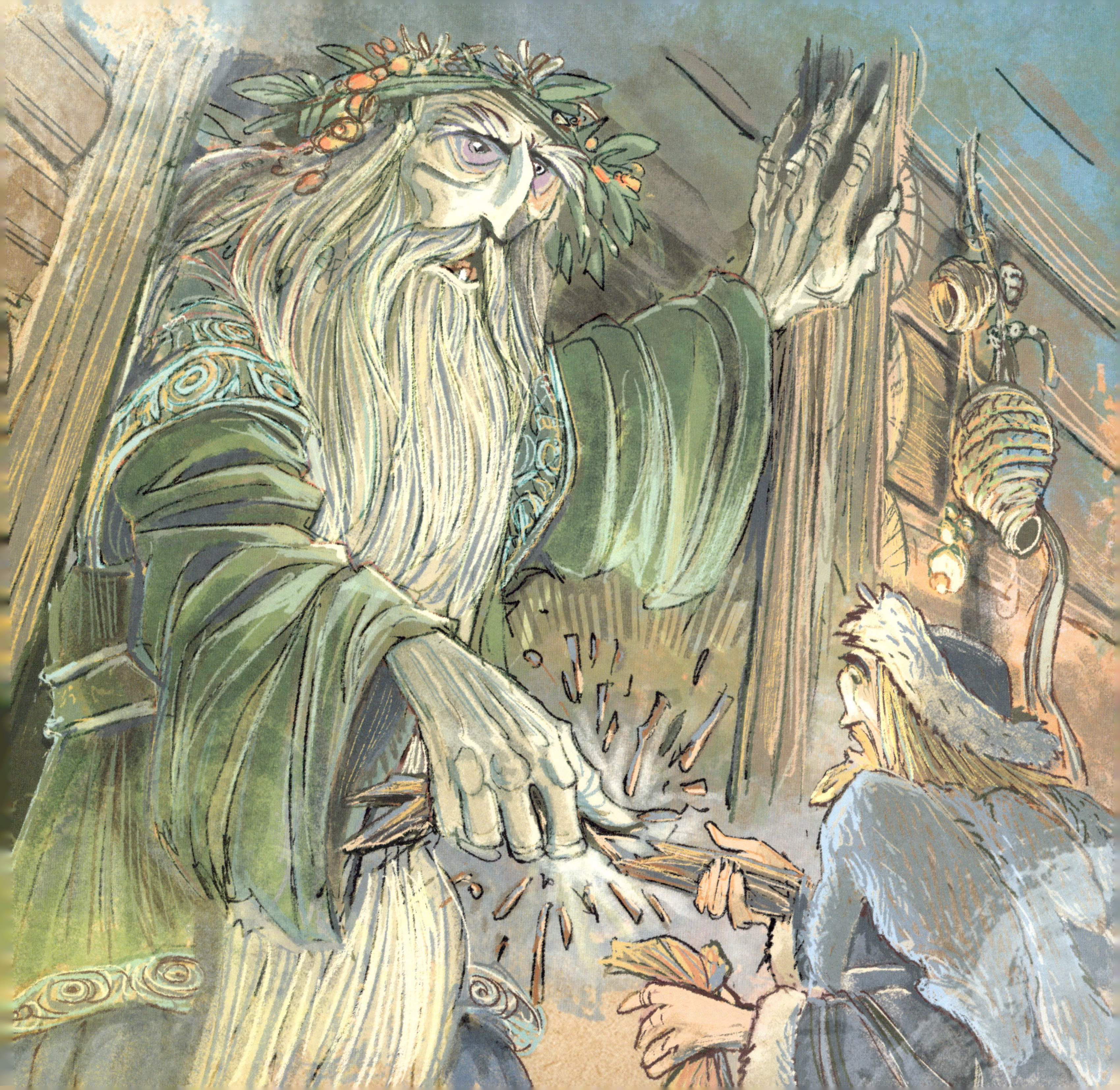

Heesi não gostou muito da proposta. Era evidente que não queria se separar da pedra. Ficou fazendo outras sugestões, oferecendo uma coisa atrás da outra — um pote de ouro, um caldeirão de prata, uma barrica de sal... Mas o visitante era teimoso, ainda que parecesse um sujeito simplório, e recusava tudo. Só insistia em repetir que preferia a pedra.

— Bom, parece que não tem jeito mesmo. Prometi e vou ter de lhe dar o que você escolheu. Leve a pedra. Mas trate de usá-la bem. Vou lhe explicar o que fazer. Basta você dizer: *Minha pedra, moa, moa, agora não fique à toa...* Pode então pedir o que quiser, e ela vai lhe dar tudo do que você precisar. Mas, quando acabar, não se esqueça de dizer: *Minha pedra, seja boa. Agora pare e não moa.*

Heesi deu um suspiro e acrescentou:

— Agora suma da minha frente, já! Depressa, antes que eu mude de ideia.

O pobre homem agarrou a pedra e foi embora com ela nas costas. Mal entrou em casa, já ouviu a mulher esbravejando:

— Você ficou maluco? Seu imprestável! Sai para buscar comida e volta carregando uma pedra nas costas... Alguém vai comer pedra assada?

Em vez de responder, ele largou a pedra em cima da mesa e ordenou:

— *Minha pedra, moa, moa,*
agora não fique à toa...
Mostre logo que é a tal
com uma ceia de Natal.

A pedra de Heesi começou a girar e, enquanto rodava em torno de um eixo invisível, iam surgindo sobre a mesa deliciosos pães fatiados, bolos, jarras de leite fresco, tortas, peixes defumados e nacos de queijo. A mulher trouxe pratos e canecas e foi chamar as crianças para virem logo, enquanto a pedra girava e fazia mais comida aparecer. Até que o marido disse:

— *Minha pedra, seja boa.*
Agora pare e não moa.

E a pedra parou.

Quando a família estava satisfeita e de barriga cheia, apareceu o irmão rico, que tinha vindo fazer alguma coisa naquele lado da aldeia e resolveu olhar como estava o irmão. Surpreso, exclamou:

— Ora, vejam só! Pelo visto, você se deu bem com a pata de vaca que lhe dei.

— Pois é. Fiz exatamente o que você disse e fui procurar o Diabo para me carregar. Ele me deu essa pedra mágica. Basta eu ordenar dizendo: "*Minha pedra, moa, moa, agora não fique à toa...*", e ela traz tudo o que quero.

Com inveja, o irmão rico obrigou o pobre a lhe entregar a pedra, argumentando que, afinal de contas, toda aquela boa sorte começara com a pata de vaca que lhe dera. E que agora era justo que fossem sócios na pedra. O outro, meio bobo, concordou. Mas nem teve tempo de explicar direito o uso da pedra porque o rico já ia pela porta afora com ela, a caminho do mar.

Lá chegando, levou a pedra para seu barco e pediu a ela que lhe desse muito peixe. Em seguida, lançou a rede na água. Veio carregada. E mais outra vez, e outra. Acontecia sempre a mesma coisa, como se todos os cardumes do oceano estivessem loucos para ser pescados por ele. Mal dava tempo de descarregar o barco no cais — em caixas, cestos, montes de peixes. E ele já voltava outra vez para a água, para aproveitar e pescar mais, cada vez mais, sem parar.

Com medo de que aquela fartura se estragasse, ele decidiu que iria tratar de mandar seus empregados começarem logo a salgar e defumar tudo no mesmo momento. Então ordenou à pedra:

— *Minha pedra, moa, moa,*
nada de ficar à toa.
Dê riqueza sem igual,
traga logo muito sal.

A pedra desandou a espirrar sal para tudo quanto era lado. Logo havia depositado no convés do barco uma boa quantidade, que ia dar para salgar todo aquele peixe — e isso era uma grande riqueza naquele tempo e lugar.

 E não parou mais: o monte ia crescendo, derramando, escorrendo do barco para dentro da água. Daí a pouco o sal nem cabia mais na embarcação, que foi ficando tão pesada, tão pesada que afundou com o pescador, a pedra de moer, um monte de peixes e tudo.

 E deve estar fazendo sal até hoje, pois deu para salgar todos os oceanos da Terra para sempre.

Quem é Ana Maria Machado

Ana Maria Machado sempre gostou de histórias — para ouvir, ler ou escrever. Mas, quando criança, queria ser mesmo era professora. E foi. Não só professora como pintora, jornalista, livreira. Sua grande memória e fascinante imaginação a fizeram escritora. E que escritora! Ana Maria é autora de mais de cem livros, sendo altamente reconhecida e premiada, tanto por sua literatura infantojuvenil como pelo que escreve para adultos. É traduzida em vinte e oito países. Em 1993, ela se tornou *hors-concours* dos prêmios da Fundação Nacional do Livro Infantil e Juvenil (FNLIJ). Em 2001, recebeu o maior prêmio literário nacional, o Machado de Assis. Um ano antes, ganhara o prêmio Hans Christian Andersen. Em 2003, Ana Maria entrou para a Academia Brasileira de Letras.

Quem é Laurent Cardon

Francês radicado em São Paulo desde 1995, Laurent Cardon ilustrou inúmeros livros e foi premiado pela Fundação Nacional do Livro Infantil e Juvenil (FNLIJ) pelas obras *Sete patinhos na lagoa*, de Caio Riter, *Histórias russas* e *Procura-se Lobo*, de Ana Maria Machado. Com Rosa Amanda Strausz, lançou *Um nó na cabeça*, um dos vencedores do primeiro Prêmio Brasília de Literatura, em 2012. Publicou oito livros de imagem: *Calma, camaleão!*, que deu origem à coleção Que Bicho Sou Eu? (*Aranha por um fio*, *Polvo Pólvora*, *Sapo a passo* e *Vagalumice*); *Flop: a história de um peixinho japonês na China*; *Vai e vem*; e *Pinçada de coragem*. Seu livro *Juntos e misturados: uma história de galinhas* foi premiado na França e na Eslovênia. Cardon estudou animação em Paris e trabalhou na China, Coreia, Espanha e, como diretor de arte em estúdio de animação, no Vietnã. Atualmente, faz *storyboard* para cinema. Mais informações em: www.laurentcardon.com.br.

Produção gráfica

FTD educação | GRÁFICA & LOGÍSTICA

Avenida Antônio Bardella, 300 - 07220-020 GUARULHOS (SP)
Fone: (11) 3545-8600 e Fax: (11) 2412-5375

A comunicação impressa
e o papel têm uma ótima
história ambiental
para contar

TWO SIDES
www.twosides.org.br

Acesse o catálogo *on-line*
de literatura da FTD Educação